Schnipp, schnapp!
Erste Schneideübungen

Zerschneide zu Beginn ein Blatt Papier oder einen Strohhalm. Schnippel Fransen in den Rand eines Papptellers oder einer Papprolle.

Fühlst du dich im Umgang mit der Schere sicher, kannst du dich an geschwungenen Linien und Kreisen versuchen.

Auf der nächsten Seite findest du Tipps und Ideen für deine Schneideübungen. Danach kannst du loslegen und die lustigen Tiere in diesem Buch ausschneiden.

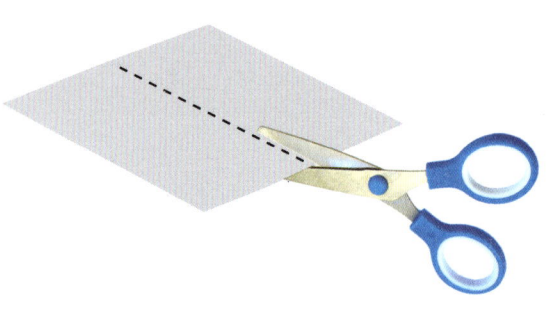

Konzentriere dich auf die Schneidelinie. Hier setzt du die Schere an. Tipp: Dünner Karton ist stabil genug, um gut gehalten zu werden, aber dünn genug, um leicht durchgeschnitten zu werden.

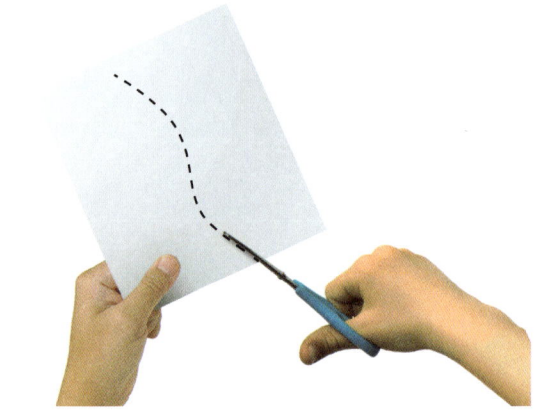

Die Hand, die nicht schneidet, ist deine Helferhand – sie hält das Papier mit dem Daumen oben und mit den anderen Fingern unten fest und dreht es, während dein Blick der Schneidelinie folgt.

Beim Ausschneiden von Kreisen übst du das Drehen des Papiers. Tipp: Schneidest du mit der rechten Hand, setzt du die Schere rechts an. Beginne linksherum, wenn du die Schere links hältst.

Anleitung zum Buch

Bitte einen Erwachsenen, die einzelnen Seiten des Buches herauszutrennen, sodass du die Wortkarten unter den Bildern leicht abschneiden kannst. Am Ende des Buches findest du dazu eine passende Spielidee.

Ich lebe im Meer.
Drehe mich um und male mich aus.

Seestern

Male den Seestern bunt aus und spure das Wort nach.

Seestern

Ich habe zwei Punkte.
Drehe mich um und male mich aus.

Marienkäfer

Male den Marienkäfer bunt aus und spure das Wort nach.

Marienkäfer

Huuh-hu-huuh!
Drehe mich um und male mich aus.

Eule

Male die Eule bunt aus und spure das Wort nach.

Eule

Miau! Ich bin hungrig!
Drehe mich um und male mich aus.

Katze

Male die Katze bunt aus und spure das Wort nach.

Katze

Törööö!
Drehe mich um und male mich aus.

Elefant

Male den Elefanten bunt aus und spure das Wort nach.

Elefant

Ich kann hüpfen.
Drehe mich um und male mich aus.

Pinguin

Male den Pinguin bunt aus und spure das Wort nach.

Pinguin

Ich bin schon groß!
Drehe mich um und male mich aus.

Großer Panda

Male den Großen Panda bunt aus und spure das Wort nach.

- -

Großer Panda

Bin ich nicht hübsch?
Drehe mich um und male mich aus.

Schmetterling

Male den Schmetterling bunt aus und spure das Wort nach.

Schmetterling

Was fresse ich am liebsten?
Drehe mich um und male mich aus.

Hase

Male den Hasen bunt aus und spure
das Wort nach.

Hase

Ich kann Wasser spritzen.
Drehe mich um und male mich aus.

Wal

Male den Wal bunt aus und spure
das Wort nach.

Wal

Roaarrr! Ich brülle laut!
Drehe mich um und male mich aus.

Löwe

Male den Löwen bunt aus und spure das Wort nach.

Löwe

Ich habe zwei Hörner.
Drehe mich um und male mich aus.

Nashorn

Male das Nashorn bunt aus und spure
das Wort nach.

Nashorn

Ich bin schlau!
Drehe mich um und male mich aus.

Fuchs

Male den Fuchs bunt aus und spure das Wort nach.

Fuchs

Ich habe acht Arme.
Drehe mich um und male mich aus.

Oktopus

Male den Oktopus bunt aus und spure das Wort nach.

Oktopus

Ich bin stachelig.
Drehe mich um und male mich aus.

Igel

Male den Igel bunt aus und spure
das Wort nach.

Igel